DAS ULTIMATIVE

Flamingo

BUCH

JENNY KELLETT

www.bellanovabooks.com

Copyright © 2023 by Jenny Kellett

Flamingo-Bücher: Das Ultimative Flamingo-Buch

PAPERBACK

ISBN: 978-619-264-148-1

Imprint: Bellanova Books

Alle Rechte vorbehalten. Kein Teil dieses Buches darf ohne schriftliche Genehmigung des Autors in irgendeiner Form elektronisch oder mechanisch vervielfältigt werden, auch nicht durch Fotokopieren, Aufzeichnen oder Speichern und Abrufen von Informationen.

INHALT

Lerne die Flamingos kennen!	4
Von Shrimp zu pink	6
Flamingos: Ausgesprochen vielfältig	12
Rosaflamingo	15
Zwergflamingo	16
Chileflamingo	19
Andenflamingo	20
James-Flamingo	23
Kubaflamingo	24
Flamingo-Schlemmereien	26
Nestbau und Soziales Leben	30
Flamingo Flüge	38
Flamingo Zukunft	46
Gefederte Freunde	58
Flamingos & Menschen	64
Flamingos Lustige Fakten	70
Flamingo Quiz	86
Antworten	90
Wortsuche	92
Lösung	94
Quellen	95

LERNE DIE FLAMINGOS KENNEN!

Hast du jemals einen pinken Vogel mit langen, dünnen Beinen und einem gekrümmten Schnabel gesehen? Wahrscheinlich hast du dann einen Flamingo entdeckt! Diese faszinierenden Vögel sind bekannt für ihre lebendigen pinkfarbenen Federn, ihre einzigartigen Futtergewohnheiten und ihr soziales Verhalten.

Flamingos leben in einer Vielzahl von Lebensräumen auf der ganzen Welt, von Salzpfannen und Wattgebieten bis hin zu flachen Seen und Lagunen. Sie sind in Teilen von Afrika, Asien, Europa und Amerika zu finden, sie werden aber am häufigsten mit warmen tropischen Regionen in Verbindung gebracht.

Flamingos sind unglaublich gut an ihre Umgebungen angepasst und spielen eine wichtige Rolle in vielen Ökosystemen.

In diesem Buch erkunden wir die faszinierende Welt der Flamingos. Wir werden mehr über ihre Futtergewohnheiten, ihr Sozialleben, ihre Wanderungsmuster und die Bedrohungen, denen sie in freier Wildbahn ausgesetzt sind, erfahren. Wir werfen einen genaueren Blick auf die unternommenen Naturschutzmaßnahmen, um diese einzigartigen Vögel zu schützen. Außerdem werden wir einige unterhaltsame Fakten entdecken, die du bestimmt noch nicht gekannt hast.

Bist du bereit, die Flamingos kennenzulernen?! Dann lass uns loslegen!

DAS ULTIMATIVE FLAMINGO-BUCH

VON SHRIMP ZU PINK

Warum sind Flamingos rosa?

Eines der auffälligsten Merkmale der Flamingos ist ihre lebhafte, rosa Farbe. Doch warum sind sie so rosa? Die Antwort hat mit ihrer Ernährung und Biologie zu tun.

Flamingos erhalten ihre rosa Farbe von den Farbmitteln namens **Pigmenten**. Sie kommen in den Algen, Krebstieren und anderen kleinen Organismen vor, die sie fressen. Diese Pigmente enthalten **Carotinoide**.

Was sind Carotinoide?

Carotinoide sind organische Moleküle, die Pflanzen und Tieren ihre leuchtenden Farben geben.

Wenn Flamingos Garnelen, Algen und andere winzige Wassertiere mit Carotinoiden fressen, werden ihre Federn rosa. Diese Farbmacher-Moleküle befinden sich auch in Obst und Gemüse wie Karotten und Tomaten, die ihnen ihre leuchtenden Farben geben! So bekommen Flamingos dank Carotinoiden in ihrer Nahrung ihre erstaunliche rosa Farbe.

Wusstest du…?

Wenn Flamingos aufhören, Nahrung mit den rosa machenden Carotinoiden zu essen, verlieren ihre Federn langsam ihre rosa Farbe und werden weiß.

Flamingos werden nicht mit rosa Federn geboren. Sie werden allmählich rosa, wenn sie mehr von diesen Pigmenten zu sich nehmen.

Interessanterweise besitzen nicht alle Flamingos dieselbe rosa Färbung. Der genaue Farbton der Federn eines Flamingos kann je nach seiner Ernährung, seinem Alter und seinem Gesamtzustand variieren.

Zum Beispiel können junge Flamingos blassere Federn haben als ältere und Flamingos, die unterernährt oder krank sind, können weniger lebhafte Federn aufweisen als Gesunde.

Aber <u>warum</u> sind Flamingos rosa?

Flamingos nutzen ihre rosa Farbe als Kommunikationsmittel. Wenn Flamingos gesund und gut ernährt sind, haben ihre Federn einen leuchtenden rosa Farbton, der anderen Flamingos signalisiert, dass sie stark und gesund sind. Andererseits können bei gestressten oder kranken Flamingos die Federn blasser oder sogar weiß erscheinen, was Schwäche oder Verwundbarkeit anzeigen kann.

Die rosa Farbe der Flamingos ist ein wichtiger Teil ihrer Biologie und ihres Verhaltens. Durch den Verzehr der richtigen Nahrung und die Erhaltung ihrer Gesundheit sind Flamingos in der Lage, ihren charakteristischen rosa Farbton beizubehalten und mit anderen in ihrer Herde zu kommunizieren.

DAS ULTIMATIVE FLAMINGO-BUCH

FLAMINGOS: AUSGESPROCHEN VIELFÄLTIG

Flamingos sind eine faszinierende Vogelart, die in Feuchtgebieten und Küstengebieten auf der ganzen Welt lebt. Wusstest du, dass es sechs verschiedene Arten von Flamingos und mehrere Unterarten mit einzigartigem Aussehen und Verhaltensweisen gibt?

Lass uns jede Art genauer betrachten und ihre besonderen Merkmale kennenlernen.

Wusstest du schon...

Rosaflamingos sind mit 120 bis 140cm die größte Flamingo-Art.

Foto: Yathin S Krishnappa

ROSAFLAMINGO

Wiss. Name: *Phoenicopterus roseus*

Du kennst sicherlich den Rosaflamingo, die größte Art aller Flamingos. Du kannst ihn in einigen Teilen Afrikas, Südeuropas und Asiens antreffen. Es gibt zwei Unterarten des Rosaflamingos: Eine lebt in Südeuropa und Afrika, während die andere in Südasien beheimatet ist. Aufgrund seiner Größe wird er auch Großer Flamingo genannt.

Beide Unterarten des Rosaflamingos sehen ziemlich ähnlich aus. Sie haben hellrosa Federn und einen blassen Schnabel mit einer schwarzen Spitze.

ZWERGFLAMINGO

Wiss. Name: *Phoeniconaias minor*

Der Zwergflamingo ist das kleinste Mitglied der Flamingofamilie! Diese kleinen Vögel können beim Planschen in Afrika und Indien gefunden werden. Es gibt zwei Arten von Zwergflamingos, von denen jeder ein einzigartiges Erscheinungsbild aufweist.

Eine Unterart lebt in Ostafrika und hat hellrosa Federn und einen Schnabel mit schwarzer Spitze. Der andere Typ des Zwergflamingos nennt Teile Indiens sein Zuhause. Er hat dunkelrosa Federn mit einem rosa Schnabel.

Wusstest du schon...

Zwergflamingos sind die verbreitetste Art der Flamingos mit über 2 Millionen Vögeln weltweit!

CHILEFLAMINGO

Wiss. Name: *Phoenicopterus chilensis*

Kennst du schon den **Chileflamingo**? Diese Art wird auch chilenischer Flamingo genannt und sie lebt in Südamerika, genauer gesagt in Chile, Peru und Argentinien. Sie ist eine von drei Flamingo-Arten, die in Südamerika lebt.

Die Chileflamingos sind die größte in Südamerika lebende Flamingoart mit einer Größe von 120 bis 140cm, einem Gewicht von 2,5 bs 3,5 kg und einer Flügelspannweite von ca. 120 bis 145cm. Sie haben graugrünliche bis hellblaue Beine, sowie auffällig rot gefärbte Kniegelenke und Füße.

ANDENFLAMINGO

Wiss. Name: *Phoenicoparrus andinus*

Der Andenflamingo, auch Gelbfußflamingo genannt, lebt hoch in den Anden in Südamerika. Es gibt zwei Arten von Flamingos, die in den Anden leben.

Eine Art ist der **Andenflamingo** *(Phoenicoparrus andinus). Er* hat hellrosa Federn, einen schwarz gespitzten Schnabel und lebt im südlichen Teil der Anden.

Die andere Art ist der **James-Flamingo** *(Phoenicoparrus jamesi). Er besitzt* dunklere rosa Federn, einen rosa Schnabel und lebt im nördlichen Teil der Anden.

Wusstest du schon...?

James-Flamingos haben ein einzigartiges Paarungsritual. Sie versammeln sich und tanzen synchron, wie du auf diesem Bild sehen kannst.

Foto: Pedro Szekely

JAMES-FLAMINGO

Wiss. Name: *Phoenicoparrus jamesi*

James-Flamingos leben in den Hochgebirgsregionen der Anden in Südamerika. Im Gegensatz zu anderen Unterarten der Flamingos gibt es bei James-Flamingos keine anerkannten Unterarten. James-Flamingos haben blassrosa Gefieder mit einem schwarzen Schnabel mit weißen Spitzen.

Dieser elegante Vogel wurde zu Ehren von Harry Berkeley James benannt, einem britischen Naturforscher, der während des späten 19. und frühen 20. Jahrhunderts maßgeblich zur **Ornithologie** (Vogelforschung) in Südamerika beigetragen hat.

KUBAFLAMINGO

Wiss. Name: *Phoenicopterus ruber*

Der Kubaflamingo oder auch Roter Flamingo lebt in den warmen, sonnigen Regionen der Karibik, Mittelamerikas und im nördlichen Südamerika. Diese Art hat zwei unterschiedliche Unterarten, die jeweils ein eigenes, einzigartiges Aussehen aufweisen.

Der **Karibik-Flamingo** hat ein tiefrosa gefärbtes Gefieder und einen schwarzspitzigen Schnabel. Wie der Name schon sagt, lebt er in der Karibik und einigen Teilen Südamerikas.

Der **Mittelamerikanische Flamingo** hat ein weicheres, blassrosa Gefieder und einen hellgelb gespitzten Schnabel. Er lebt in Mittelamerika.

FLAMINGO-SCHLEMMEREIEN: WAS, WO UND WIE SIE ESSEN

Flamingos sind faszinierende Vögel mit einzigartigen Methoden, Nahrung zu finden. Ihre perfekt angepassten Körperteile helfen ihnen dabei, in ihrem wässrigen Zuhause zu fressen.

Stell dir vor, du siehst Flamingos mit langen, dünnen Beinen, wie sie durch flaches Wasser und Schlamm laufen. Ihre Schwimmhäute helfen ihnen beim Schwimmen und Stehen im Wasser, während sie nach Essen suchen.

Wenn Flamingos einen guten Platz zum Essen finden, tauchen sie ihre gebogenen Schnäbel in das Wasser und den Schlamm.

Ein James-Flamingo frisst in Bolivien.

Sie sind **Filterfresser**, was bedeutet, dass sie winzige Kreaturen in ihren Schnäbeln fangen. Im Inneren ihrer Schnäbel haben sie einen Teil namens Lamellen, der wie ein Sieb funktioniert. Diese Lammellen filtern kleine Tiere wie winzige Garnelen, Algen und andere kleine Organismen heraus.

Wusstest du schon...?

Flamingos können Wasser trinken, das extrem salzig ist! Während die meisten Tiere den hohen Salzgehalt in einigen Seen und Lagunen, in denen Flamingos leben, nicht vertragen können, haben Flamingos eine spezielle Drüse, die überschüssiges Salz aus ihrem Körper entfernt.

Flamingos haben auch eine ungewöhnliche Art zu essen: Sie fressen auf dem Kopf stehend! Anstatt ihre Hälse zu beugen, kippen sie ihre Köpfe und schaufeln Nahrung vom Boden des Wassers. Dadurch können sie Nahrung erreichen, die anderen Vögeln nicht zugänglich ist.

Flamingos fressen sowohl Pflanzen als auch Tiere und sind damit **Omnivoren** (Allesfresser). Ihre Lieblingsnahrung sind Algen, Garnelen, Weichtiere und kleine Fische. Was sie essen, kann je nach Wohnort und verfügbarer Nahrung variieren.

Flamingos können, aufgrund von Verschmutzung, Habitatverlust und Klimawandel, Schwierigkeiten haben, Nahrung zu finden. Deshalb ist es wichtig, ihre Heimat zu schützen und sicherzustellen, dass sie genug gesunde Nahrung zu fressen haben.

FLAMINGOS: NESTBAU UND SOZIALES LEBEN

Das soziale Leben der Flamingos ist aufregend und voller interessanter Verhaltensweisen. Flamingos sind freundliche Vögel, die in großen Gruppen namens Kolonien oder Schwärmen zusammenleben.

Diese **Kolonien** können Hunderte oder sogar Tausende von Vögeln aufweisen und sind bekannt für ihre erstaunlichen Vorführungen, bei denen sie sich gemeinsam bewegen und Geräusche machen.

Tanzen, um einen Partner zu finden

Um einen Partner zu finden, tanzen Flamingos miteinander. In einem Schwarm bilden Flamingos enge Verbindungen zueinander. Sie sind monogam, was bedeutet, dass sie einen Partner wählen und für viele Jahre oder sogar ihr ganzes Leben zusammenbleiben. Wenn ein männlicher Flamingo einen Partner finden möchte, führt er einen besonderen Tanz auf, bei dem er den Kopf hin und her bewegt, sich dreht und trompetenähnliche Geräusche mit seinem Schnabel macht. Wenn ein weiblicher Flamingo gefallen gefunden hat, tanzt sie auch und sie führen gemeinsam eine Vorführung auf.

Wusstest du schon...?

Flamingo-Küken beginnen in ihren ersten beiden Lebensjahren langsam, rosa zu werden.

Ein Flamingo-Küken in seinem Nest.

Koloniebrüter: Teamarbeit macht den Traum wahr

Sobald sie ein Paar werden, arbeiten Flamingos als Team zusammen, um ein Nest zu bauen und ihre Jungen aufzuziehen. Flamingos bauen ihre Nester in großen Gruppen nah beieinander, was ihnen hilft, sich vor Raubtieren zu schützen und Ressourcen zu teilen. Sie konstruieren ihre Nester aus Schlamm in kegelförmiger Struktur. Die Nester sind unten breit und oben spitz zulaufend. Auf der Spitze des Schlammkegels befindet sich eine Vertiefung, in der sie ihr Ei legen.

Vom Ei zum Küken: Flamingo-Elternschaft

Flamingos legen jedes Jahr ein oder zwei Eier und beide Elternteile wechseln sich ab, um die Eier warmzuhalten. Sie helfen auch beide beim Füttern und Pflegen der

Ein Kuba-Flamingo-Küken.

Ein Flamingo Ei in seinem Nest.

Küken, wenn sie schlüpfen. Baby-Flamingos, auch Küken genannt, haben graue oder weiße Federn und können noch nicht wie ihre Eltern fressen. Stattdessen essen sie eine spezielle Milch, die in den Mägen ihrer Eltern hergestellt wird und "Kropfmilch" genannt wird. Sowohl männliche als auch weibliche

Flamingo-Elternteile produzieren diese Substanz, um ihre Küken während der ersten paar Wochen ihres Lebens zu füttern. Kropfmilch ist eine nahrhafte, halbfeste Substanz, die Proteine, Fette und essenzielle Nährstoffe enthält, die für das Wachstum und die Entwicklung der Küken benötigt werden.

Kinderstuben: Die Flamingo-Spielgruppen

Wenn die jungen Flamingos wachsen, bilden sie innerhalb des Schwarmes ihre eigenen kleineren Gruppen. Diese Gruppen, die Kinderstuben genannt werden, besitzen ein paar erwachsene Vögel, die sie führen. Das müssen nicht unbedingt die Eltern sein. Kinderstuben helfen jungen Flamingos dabei, sicher zu bleiben und zu lernen, wie sie sich zu verhalten haben.

DAS ULTIMATIVE FLAMINGO-BUCH

FLAMINGO FLÜGE

Flamingos sind Zugvögel, das bedeutet, dass sie lange Strecken zurücklegen, um Nahrung und Plätze zur Aufzucht ihrer Familien zu finden. Je nach Art und Lebensraum der Flamingos können sie einmal oder zweimal im Jahr migrieren (umziehen) und dabei Hunderte von Kilometern auf einer einzigen Reise zurücklegen.

Afrikanische Wunder: Zwergflamingos im Natronsee

Ein erstaunlicher Flamingo-Migrationsweg findet in Afrika statt, wo Millionen von Zwergflamingos den See in Tansania und Kenia besuchen, um zu brüten. Sie kommen rechtzeitig zur Regenzeit an, die den See füllt und perfekte Brutbedingungen schafft.

Flamingos in den Anden, Bolivien.

Eine Gruppe Flamingos in Sardinien.

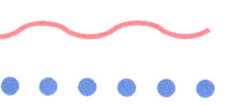

Anden Erforscher: Wanderer der Hochgebirge

In Südamerika reist der Andenflamingo zu hohen Feuchtgebieten in den Anden, um zu brüten. Diese Feuchtgebiete sind besondere Lebensräume mit wenigen anderen Vögeln. Dadurch vermeiden sie Platzkonkurrenz.

Küstenreisende und Feuchtgebiet-Wanderer

Flamingos in anderen Teilen der Welt können je nach ihrem Nahrungsbedarf und Brutgebieten an Küsten oder anderen Feuchtgebieten ziehen. Einige Flamingos migrieren auch aufgrund von Veränderungen im Wetter oder ihrem Lebensraum.

Die Wunder der Flamingo-Wanderung

Obwohl sie lange Strecken zurücklegen, sind Flamingos gut auf diese Umsiedelung vorbereitet. Sie sind starke Flieger und können Hunderte von Kilometern in einer Reise zurücklegen. Zusätzlich sind sie in der Lage ihre Körpertemperatur zu kontrollieren, was ihnen hilft, sich an unterschiedliche Klimazonen und Wetterbedingungen anzupassen.

Flamingos haben jedoch während ihrer Migration auch Herausforderungen zu bewältigen. Der Verlust ihres Lebensraums, der Klimawandel und die Jagd sind einige der Gefahren, denen sie ausgesetzt sind. Zum Erhalt der Flamingos konzentrieren sich Schutzmaßnahmen oft darauf, ihre Migrationsrouten und Brutgebiete zu erhalten sowie die Jagd und andere menschliche Aktivitäten zu kontrollieren, die ihre Reisen stören können.

Überflieger: Flamingos sind in der Lage, in großen Höhen zu fliegen. Sie wurden dabei beobachtet, wie sie in Höhen von über 4.572 Meter fliegen, um Gebirgsketten während ihrer Migration zu überqueren.

DAS ULTIMATIVE FLAMINGO-BUCH

FLAMINGO ZUKUNFT

Flamingos haben Herausforderungen zu bewältigen, die es schwierig machen, in freier Wildbahn zu überleben. Einige Probleme kommen aus dem Verlust des Lebensraums, dem Klimawandel und menschlichen Aktivitäten.

Indem wir die Herausforderungen verstehen und helfen, sie zu schützen, können wir sicherstellen, dass diese erstaunlichen Vögel auch für zukünftige Generationen in freier Wildbahn gedeihen.

Lass uns diese Themen näher beleuchten, um zu verstehen, wie wir unseren rosa Freunden helfen können.

DAS ULTIMATIVE FLAMINGO-BUCH

Verschwindende Heimat: Das Problem des Habitatverlustes

Habitatverlust, auch Lebensraumverlust genannt, tritt auf, wenn Feuchtgebiete und Küstengebiete, in denen Flamingos leben, entwässert, verschmutzt oder für die Landwirtschaft oder Städte verändert werden. Dadurch verlieren Flamingos ihre Nahrungsquellen und Brutplätze.

Stelle dir sich vor, wie schwer es wäre, wenn dein Zuhause plötzlich verschwinden würde!

Die Hitze spüren: Klimawandel und Flamingos

Der Klimawandel beeinflusst Flamingos, indem er die Verfügbarkeit von Nahrung und Wasser verändert. Sie könnten auch mit mehr Konkurrenz von anderen Vögeln konfrontiert werden, die besser anpassungsfähig sind. Es ist wie an einem Tisch, an dem nicht genug Essen für alle da ist!

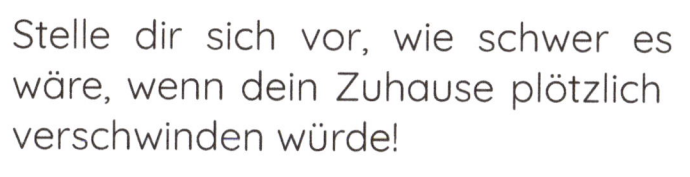

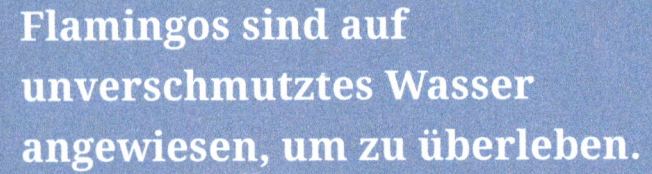

Flamingos sind auf unverschmutztes Wasser angewiesen, um zu überleben.

Menschliche Aktivitäten: Unbeabsichtigte Störenfriede

Menschliche Aktivitäten wie Jagt, Fischerei und Bootsfahrten können Flamingos beim Essen oder der Brutpflege stören. Verschmutzung durch Ölverschüttungen und Industrie kann ihnen auch schaden. Es ist wichtig, dass wir uns unserern Handlungen und ihren Auswirkungen auf die Umwelt bewusst sind. Sogar Handlungen wie das Aufnehmen von Selfies mit Flamingos oder das zu nahe Herangehen an ihre Nester können sie stören. Wir müssen uns unserern Handlungen und ihren Auswirkungen auf die Umwelt bewusst sein und sicherstellen, dass wir diesen fabelhaften Vögeln den Platz und Respekt geben, den sie verdienen.

WAS WIRD GETAN, UM FLAMINGOS ZU HELFEN?

Es gibt nicht nur schlechte Nachrichten für Flamingos! Naturschutz-Superhelden auf der ganzen Welt nutzen ihre Kreativität, um unsere fabelhaften Flamingo-Freunde zu schützen.

Lass uns einige der coolsten Möglichkeiten erkunden, wie diesen lebhaften Vögeln geholfen wird:

SCHLAMM-MEISTERWERKE:
In der Fuente de Piedra Lagune in Spanien haben Naturschützer künstliche Schlammnester gebaut, genau wie diejenigen, die Flamingos selbst erstellen! Diese schlauen Nester haben dazu beigetragen, dass mehr Flamingo-Küken schlüpfen und dem lokalen Artenbestand des Rosaflamingos einen Schub gegeben.

MODISCHES TRACKING:

Forscher geben Flamingos stilvolle Beinbänder mit einem einzigartigen Code, um sie im Auge zu behalten. Indem man versteht, wo sie hingehen, mit wem sie sich herumtreiben und wie sie leben, können Naturschützer noch bessere Möglichkeiten finden, sie zu schützen.

SICHERE STADT-OASEN:

Stelle dir ein Flamingo-Paradies mitten im Herzen einer belebten Stadt vor! Das ist, was das Naturschutzgebiet Ras Al Khor in Dubai darstellt - ein besonderer Ort, an dem der Rosaflamingo und andere Zugvögel sicher leben können, trotz des städtischen Dschungels, der sie umgibt.

TEAMWORK OHNE GRENZEN:
Flamingos kümmern sich nicht um Grenzen und die großartigen Menschen, die sich für sie einsetzen, auch nicht! Organisationen wie die Flamingo Specialist Group bringen Experten aus der ganzen Welt zusammen, um als Team zu arbeiten und sicherzustellen, dass unsere pinken Freunde weiterhin über den Himmel fliegen können.

Diese spannenden Naturschutzmaßnahmen zeigen, wie engagiert und einfallsreich Menschen sein können, wenn es darum geht, unseren gefiederten Freunden zu helfen. Mit ein wenig Kreativität und Teamarbeit können wir sicherstellen, dass Flamingos auch in Zukunft unsere Welt erhellen werden!

WIE KANNST DU HELFEN
KLEINE HANDLUNGEN, GROSSE AUSWIRKUNGEN

Es gibt viele Möglichkeiten, wie du Flamingos helfen kannst, auch wenn du nicht in ihrer Nähe lebst:

- Unterstütze Projekte zur Wiederherstellung von Lebensräumen.
- Lerne mehr über den Flamingo-Schutz und teile Informationen darüber.
- Reduziere deinen CO_2-Fußabdruck, um den Klimawandel zu bekämpfen.
- Sei achtsam in der Natur und vermeide es, wild lebende Tiere zu stören.
- Unterstütze Organisationen, die Flamingos und ihre Lebensräume schützen.

(Flamingo Specialist Group)

Hier nur einige der Organisationen, die hart daran arbeiten, Flamingos und andere Wildtiere zu schützen. Schaue dir ihre Webseiten an und schaue, wie du dich engagieren kannst!

DAS ULTIMATIVE FLAMINGO-BUCH

GEFEDERTE FREUNDE

DIE FARBENFROHE KOEXISTENZ VON WASSERVÖGELN

Flamingos teilen ihre Lebensräume in Feuchtgebieten und an Küsten mit vielen anderen Vogelarten. Diese Vögel haben alle wichtige Funktionen im Ökosystem.

Lass uns also ihre Nachbarn kennenlernen!

REIHER

Reiher sind große Watvögel, die Fische und kleine Lebewesen im flachen Wasser jagen. Sie leben auf jedem Kontinent außer der Antarktis.

Wie Flamingos haben sie lange Beine und lange Schnäbel.

Sie konkurrieren mit Flamingos um Nahrung, sind aber auch eine Nahrungsquelle für größere Raubtiere wie Adler und Alligatoren.

DAS ULTIMATIVE FLAMINGO-BUCH

SILBERREIHER

Diese anmutigen Vögel ähneln in Aussehen und Verhalten den Reihern, sind jedoch kleiner und zierlicher. Wie Reiher können auch Silberreiher um Nahrung mit Flamingos konkurrieren, aber sie dienen auch als Nahrungsquelle für größere Raubtiere im Ökosystem.

PELIKANE

Pelikane sind große, schwimmfähige Vögel. Sie haben eine andere Jagdstrategie als Flamingos, indem sie in das Wasser tauchen, um Fische mit ihren einzigartigen beutelartigen Schnäbeln zu fangen.

EINE HARMONISCHE FREUNDSCHAFT

Flamingos leben friedlich mit ihren anderen Vogelfreunden in Feucht- und Küstengebieten zusammen. Obwohl sie möglicherweise um die gleichen Nahrungsmittel konkurrieren, wie zum Beispiel Fische und kleine Wasserlebewesen, haben sie alle ihre einzigartigen Methoden, um ihre Mahlzeiten zu finden und zu fangen. Dies hilft dabei, ein ausgewogenes und gesundes Ökosystem aufrechtzuerhalten, wo jeder seinen Platz hat. Indem sie zusammenleben, zeigen uns diese farbenfrohen Vogelnachbarn, wie wichtig es ist, in der Natur zusammenzuarbeiten und einander zu unterstützen.

Wusstest du schon...?

Sowohl Flamingos als auch Reiher haben die unglaubliche Fähigkeit, über längere Zeiträume auf einem Bein zu stehen? Flamingos tun dies oft, um Körperwärme zu sparen, während Reiher diese Technik nutzen, um still und unbemerkt zu bleiben, wenn sie in flachen Gewässern nach Beute suchen.

Foto: Eric Spiller

FLAMINGOS & MENSCHEN

EINE ZEITLOSE FASZINATION IN KULTUR UND KREATIVITÄT

In diesem Kapitel werden wir erkunden, wie diese erstaunlichen Vögel unsere Vorstellungskraft im Laufe der Geschichte eingefangen haben, Kunst und Mode inspiriert haben und zu einem wesentlichen Bestandteil der Ökosysteme unseres Planeten geworden sind.

Flamingos in der Antike

Ein antikes römisches Mosaik mit einem Flamingo.

Wusstest du, dass Flamingos seit Tausenden von Jahren Teil der Menschheitsgeschichte sind?

Im alten Ägypten wurden Flamingos mit dem Sonnengott Ra in Verbindung gebracht und repräsentierten die aufgehende Sonne. Man konnte sie oft in Hieroglyphen und anderen ägyptischen Kunstwerken finden. Im antiken Rom gehörten Flamingos zu den begehrtesten Nahrungsmitteln.

Flamingos in Kunst und Literatur

Wusstest du, dass Menschen auch in der modernen Zeit nicht genug von Flamingos bekommen können? Im 19. Jahrhundert malte ein berühmter Vogelkenner und Künstler namens John James Audubon eine Sammlung berühmter Vogelbilder, darunter auch den Flamingo (rechts), die auch heute noch geliebt werden.

Diese fantastischen Vögel haben auch in vielen Kinderbüchern und Filmen eine Rolle gespielt, wie zum Beispiel in den Dokumentarfilmen "Das Geheimnis der Flamingos" oder "Das Leben der Flamingos" und dem Kurzfilm "Flamingo Pride". Und wer könnte die berühmte Plastik-Flamingo-Gartenverzierung vergessen? Don Featherstone, ein amerikanischer Künstler, schuf diese lustige Dekoration in den 1950er Jahren. Sie wurde schnell zum Symbol amerikanischer Nachbarschaften und ist auch heute noch eine beliebte skurrile Dekoration.

DAS ULTIMATIVE FLAMINGO-BUCH

FLAMINGOS: FREUNDE DER ERDE

Obwohl wir Flamingos überall in unserer Kultur sehen, ist es wichtig zu bedenken, dass sie auch ein Teil der natürlichen Welt sind. Diese wunderschönen Vögel haben einzigartige Merkmale und Verhaltensweisen, die sie zu interessanten Themen für Künstler und Schriftsteller machen. Sie spielen jedoch auch eine entscheidende Rolle in vielen Ökosystemen, was es wichtig macht, sie und ihre Lebensräume zu schützen.

FLAMINGO
LUSTIGE FAKTEN

Mach dich bereit, vor Begeisterung rosa zu werden! Jetzt erforschen wir erstaunliche Fakten über Flamingos. In diesem Abschnitt werden wir faszinierende Details über unsere liebsten langbeinigen, pink gefiederten Freunde enthüllen. Von ihren einzigartigen Essgewohnheiten bis zu ihren unglaublichen Tanzbewegungen haben diese faszinierenden Vögel mehr Überraschungen auf Lager (oder sollten wir sagen, unter ihren Flügeln), als du dir vielleicht vorstellen kannst.

Die Schnäbel der Flamingos sind gebogen, was sich von anderen Vögeln unterscheidet. Diese Biegung ermöglicht ihnen eine effizientere Nahrungsaufnahme.

♥ ♥ ♥

Flamingos sind eigentlich nicht pink! Ihre Federn sind weiß, doch ihre Ernährung aus Algen und Garnelen enthält Pigmente, die ihnen ihre charakteristische rosa Farbe verleihen.

♥ ♥ ♥

Flamingos können kochendes Wasser trinken! Ihr einzigartiges Verdauungssystem ermöglicht es ihnen, Wasser zu trinken, das für andere Tiere unerträglich heiß ist.

Flamingos können stundenlang auf einem Bein stehen, ohne müde zu werden. Wissenschaftler versuchen immer noch herauszufinden, warum sie das tun. Einige Theorien legen nahe, dass es ihnen helfen könnte, Energie zu sparen oder ihre Körpertemperatur zu regulieren.

♡ ♡ ♡

Flamingos können lange Strecken fliegen und Geschwindigkeiten von bis zu 60 Kilometer pro Stunde erreichen.

♡ ♡ ♡

Flamingos sind wichtige Indikatoren für die Gesundheit von Ökosystemen. Ihr Vorhandensein in Feuchtgebieten und Küstengebieten kann signalisieren, dass das Ökosystem gesund und fruchtbar ist.

Rosaflamingos in Südspanien.

Könntest du so schlafen?!

Flamingos gibt es schon seit Millionen von Jahren und sie gehören zu den ältesten Vogelarten auf dem Planeten.

♡ ♡ ♡

Eine Gruppe von Flamingos nennt man eine Kolonie. Sie kann aus Hunderten oder sogar Tausenden von Vögeln bestehen.

♡ ♡ ♡

Flamingos sind bekannt für ihre synchronisierten Gruppenbewegungen, zu denen das "Marschieren" im Gleichschritt und das koordinierte Umkreisen des Wassers gehört.

♡ ♡ ♡

Flamingos haben lange, schlanke Beine, die tatsächlich länger sind als ihr gesamter Körper! Dies hilft ihnen, durch flaches Wasser zu waten, ohne dass ihre Federn nass werden.

DAS ULTIMATIVE FLAMINGO-BUCH

Flamingos haben eine einzigartige Art zu schlafen - sie stehen oft auf einem Bein, mit dem Kopf unter ihren Federn versteckt.

♥ ♥ ♥

Flamingos sind Experten-Schwimmer und können durch Wasser paddeln, indem sie sowohl ihre Beine als auch ihre Flügel benutzen.

♥ ♥ ♥

Flamingos werden nicht mit ihrem charakteristischen gebogenen Schnabel geboren - er entwickelt sich im Laufe der Zeit, wenn sie heranwachsen.

♥ ♥ ♥

Die größte Flamingo-Art, der Rosaflamingo, kann bis zu 140cm groß und bis zu 5kg schwer werden.

Dieses Kubaflamingo-Küken hat seinen berühmten Schnabel noch nicht entwickelt!

Du solltest wissen, dass Flamingos in freier Wildbahn 20 bis 30 Jahre alt werden und manche sogar das Alter von 40 Jahren erreichen können! Ihr langes Leben hängt von gutem Futter, sicheren Lebensräumen und der Vermeidung von Raubtieren ab.

Kubaflamingos.

Flamingos sind nicht nur in warmen, tropischen Umgebungen zu finden - es gibt Arten, die auch in kalten, bergigen Regionen leben.

♡ ♡ ♡

Flamingos werden oft als Symbol in der Popkultur verwendet und treten in Filmen wie "Alice im Wunderland" und als Charakter im beliebten Videospiel "Animal Crossing" auf.

♡ ♡ ♡

Trotz ihrer Größe sind Flamingos ziemlich anmutige Vögel, die sich mit fließender Bewegung bewegen, wenn sie gehen, schwimmen und fliegen.

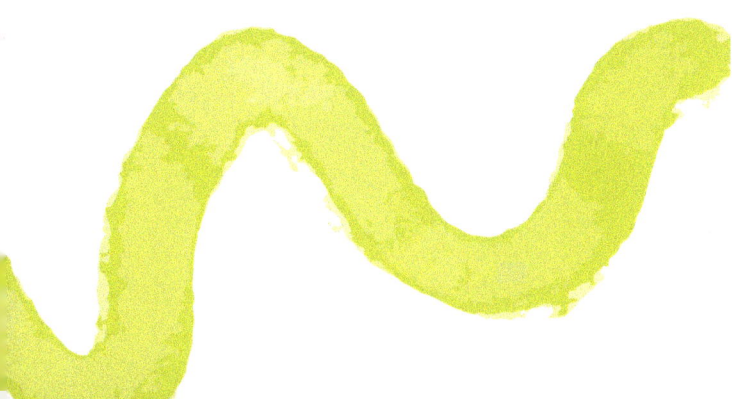

Das Wort "Flamingo" stammt vom spanischen und portugiesischen Wort "Flamenco" ab, was "Feuer" bedeutet und sich auf ihre leuchtende rosa Farbe bezieht.

♥ ♥ ♥

In der antiken römischen Küche wurden Flamingozungen als Delikatesse betrachtet und oft bei Festmahlen serviert.

♥ ♥ ♥

Flamingos sind, mit ihren Schwimmhäuten an den Füßen, gut an ihre Umgebung angepasst. Sie ermöglichen es ihnen, durch weichen Schlamm zu gleiten, ohne zu versinken.

♥ ♥ ♥

Flamingos kommunizieren mit verschiedenen Geräuschen, darunter Hupen, Knurren und Grunzen.

Flamingos haben eine ausgezeichnete Sehkraft, die es ihnen erlaubt, Raubtiere und Nahrung leicht aus großer Entfernung zu erkennen.

♡ ♡ ♡

Flamingos wurden beim Ausruhen auf Eisbergen in Südamerika gesichtet, was ihre Anpassungsfähigkeit an eine Vielzahl von Umgebungen beweist.

♡ ♡ ♡

Die Farbe der Beine und Füße eines Flamingos kann je nach Ernährung von Pink bis Orange-Rot variieren.

♡ ♡ ♡

Flamingos sind dafür bekannt, gelegentlich im Wasser zu "tanzen", indem sie ihre Flügel schlagen, um Nahrung aufzuwirbeln.

Ein Chileflamingo-Kücken, das seine rosa Farbe noch nicht entwickelt hat.

Flamingonester sind aus Lehm und Schlamm gebaut und können bis zu 60cm hoch sein, um Schutz vor Überschwemmungen und Raubtieren zu bieten.

♥ ♥ ♥

Flamingos haben nur wenige natürliche Feinde, sie können aber von Greifvögeln, Füchsen und Wildkatzen ins Visier genommen werden.

♥ ♥ ♥

Der Migratory Bird Treaty Act schützt Flamingos in den USA, wodurch es illegal ist, sie zu jagen oder zu stören.

♥ ♥ ♥

Die Carotinoide in der Ernährung eines Flamingos verleihen nicht nur ihren Federn einen rosa Farbton. Es liefert ihnen auch Antioxidantien, die ihr Immunsystem unterstützen.

DAS ULTIMATIVE FLAMINGO-BUCH

Oft beteiligen sich Flamingos am Putzen, einer Verhaltensweise, bei der sie ihre Federn mit ihrem Schnabel reinigen und sortieren.

♥ ♥ ♥

Flamingo-Schwärme können manchmal aus verschiedenen Arten bestehen, bei denen verschiedene Arten von Flamingos zusammen leben und fressen.

♥ ♥ ♥

Das markante "Knie" des Flamingos ist eigentlich sein Knöchel, während sein wahres Knie weiter oben am Bein versteckt und nicht sichtbar ist.

♥ ♥ ♥

In einigen Kulturen gelten Flamingos aufgrund ihrer Fähigkeit, auf einem Bein zu stehen, als Symbol für Balance und Harmonie.

Flamingo **QUIZ**

Hast du aufgepasst?! Teste dein neues Flamingo-Wissen in unserem Quiz!

1. Was ist der wissenschaftliche Name für Flamingos?

2. Was fressen Flamingos?

3. Wie bekommen Flamingos ihre rosa Farbe?

4 Was ist einzigartig an der Art und Weise, wie Flamingos schlafen?

5 Wie nennt man eine Gruppe von Flamingos?

6 Was ist der Zweck des speziellen Organs im Schnabel eines Flamingos?

7 Wie heißt der See in Tansania und Kenia, an dem Millionen von Zwergflamingos zum Brüten kommen?

8 Auf welchem Kontinent findet man keine Flamingos?

9 Wer hat in den 1950er Jahren die berühmte Plastik-Flamingo-Gartendekoration kreiert?

10 Wie heißt die größte Flamingo-Art?

11 Wie lange können Flamingos in freier Wildbahn leben?

12 Was ist die Verbindung zwischen Flamingos und der aufgehenden Sonne in der altägyptischen Mythologie?

13 Wie kommunizieren Flamingos miteinander?

14 Wie heißt die Substanz, mit der Flamingos ihre Küken füttern?

15 Welcher berühmte Künstler malte im 19. Jahrhundert ein ikonisches Flamingo-Bild?

16 Was ist die größte Bedrohung für Flamingos in freier Wildbahn?

17 Können Flamingos schwimmen? Ja oder nein?

18 Welche ist die kleinste Flamingo-Art?

19 Was ist die Rolle von Flamingos in Feucht- und Küstenökosystemen?

20 Auf welche Weise werden Flamingos in der Popkultur dargestellt?

ANTWORTEN

1. Phoenicopteridae
2. Algen und winzige Organismen wie Garnelen, Krebstiere und Weichtiere.
3. Ihre Nahrung aus Algen und Garnelen enthält Pigmente namens Karotinoide, die ihnen ihre charakteristische rosa Farbe verleihen.
4. Flamingos schlafen oft, während sie auf einem Bein stehen und den Kopf unter ihren Federn versteckt haben.
5. Eine Gruppe, Kolonie oder Schwarm.
6. Das Organ namens Lamellen wirkt wie ein Sieb, um winzige Organismen aus dem Wasser zu filtern.
7. Der Natronsee.
8. Antarktis.

9. Don Featherstone.
10. Der Große Flamingo.
11. Etwa 20-30 Jahre, aber manchmal bis zu 40 Jahre.
12. Flamingos wurden mit dem Gott Ra in Verbindung gebracht und galten als Symbole der aufgehenden Sonne.
13. Flamingos verwenden Lautäußerungen und koordinierte Bewegungen, um miteinander zu kommunizieren.
14. Kropfmilch.
15. John James Audubon.
16. Lebensraumverlust, Klimawandel und menschliche Störungen sind alle große Bedrohungen für Flamingos in freier Wildbahn.
17. Ja.
18. Der Zwergflamingo.
19. Flamingos sind wichtige Indikatoren für die Gesundheit von Ökosystemen und spielen eine wichtige Rolle in für die Balance von vielen Feucht- und Küstenökosystemen.
20. Flamingos sind in Filmen, Literatur, Gemälden und sogar als beliebte Gartendekoration erschienen.

FLAMINGOS
WORTSUCHE

F	D	S	P	I	G	M	E	N	T	E	C
W	E	F	E	D	E	R	N	C	V	Ö	F
Ü	B	V	L	C	E	T	O	H	Ä	S	H
H	G	S	D	A	C	Ü	B	S	Z	D	L
K	Ü	K	E	N	M	Z	Q	S	A	G	A
D	S	Ä	H	Ö	F	I	D	A	S	E	M
W	C	A	R	O	T	I	N	O	I	D	E
Ö	H	G	S	D	F	G	H	G	V	N	L
T	F	I	L	T	E	R	B	V	O	B	L
R	G	F	D	A	K	E	D	I	D	R	E
E	O	M	N	I	V	O	R	E	Ö	E	N
A	Ä	F	D	S	A	W	F	H	Ü	D	A

Kannst du alle unten aufgeführten
Wörter im Wortsuchrätsel links finden?

FLAMINGO   **CAROTINOIDE**   **FILTER**

OMNIVORE   **ROSA**   **FEDERN**

PIGMENTE   **KÜKEN**   **LAMELLEN**

DAS ULTIMATIVE FLAMINGO-BUCH

LÖSUNG

				P	I	G	M	E	N	T	E	
			F	E	D	E	R	N				
				L				O				
				A				S				L
K	Ü	K	E	N	M			A				A
					I							M
	C	A	R	O	T	I	N	O	I	D	E	
								G				L
	F	I	L	T	E	R		O				L
												E
	O	M	N	I	V	O	R	E				N

QUELLEN

Anderson, M.J. and Williams, S.A., 2009. Flamingo behaviour and conservation: a global perspective. Journal of Ornithology, 150(1), pp. 93-102.

Arengo, F. and Baldassarre, G.A., 2002. Patch choice in relation to foraging success in captive flamingos. Waterbirds, 25(1), pp. 22-28.

Bildstein, K.L., 2010. Flamingos: The biology of social and ecological adaptation. In: A. Gosler (ed.), Birds and Climate Change (pp. 125-143). Cambridge: Cambridge University Press.

Brown, L.H., 2010. The Mystery of Flamingo Coloration. Natural History, 119(1), pp. 16-23.

Childress, B. and Hughes, B., 2017. Flamingos: ecology, behaviour, and conservation. Oxford: Oxford University Press.

Cobo-Cuan, A. and Gutiérrez, E., 2012. Flamingo feeding

National Geographic, 2021. Flamingo. [online] Available at: https://www.nationalgeographic.com/animals/birds/f/flamingo/ [Accessed 7 April 2023].

San Diego Zoo Wildlife Alliance, 2021. Flamingo. [online] Available at: https://animals.sandiegozoo.org/animals/flamingo [Accessed 7 April 2023].

BBC Earth, 2021. Lesser Flamingo. [online] Available at: https://www.bbcearth.com/animals/lesser-flamingo/ [Accessed 7 April 2023].

Wildfowl & Wetlands Trust, 2021. Flamingos. [online] Available at: https://www.wwt.org.uk/discover-wetlands/wetland-wildlife/flamingos [Accessed 7 April 2023].

BirdLife International, 2021. Flamingo Species. [online] Available at: https://www.birdlife.org/worldwide/news/flamingo-species [Accessed 7 April 2023].

The Cornell Lab, 2021. Flamingos. [online] Available at: https://www.allaboutbirds.org/guide/browse?family=Flamingos [Accessed 7 April 2023].

International Union for Conservation of Nature, 2021. IUCN Red List of Threatened Species: Flamingos. [online] Available at: https://www.iucnredlist.org/search?query=flamingo&searchType=species [Accessed 7 April 2023].

Encyclopedia Britannica, 2021. Flamingo. [online] Available at: https://www.britannica.com/animal/flamingo [Accessed 7 April 2023].

Audubon, 2021. Flamingos. [online] Available at: https://www.audubon.org/field-guide/bird/flamingos [Accessed 7 April 2023].

Florida Fish and Wildlife Conservation Commission, 2021. Flamingos. [online] Available at: https://myfwc.com/wildlifehabitats/profiles/birds/waterbirds/flamingos/ [Accessed 7 April 2023].

Du bist Flamazing!

Da unsere farbenfrohe Reise durch die Welt der Flamingos zu Ende geht, hoffen wir, dass du genauso viel Freude daran hattest, über diese faszinierenden Vögel zu lernen, wie wir es genossen haben, ihre Geschichte mit dir zu teilen.

Dein Feedback bedeutet uns viel, daher bitten wir dich freundlich, eine **Bewertung** auf der Plattform zu hinterlassen, auf der du das Buch gekauft hast.

Deine Gedanken und Erfahrungen werden anderen Lesern helfen, die faszinierende Welt der Flamingos zu entdecken und uns ermutigen, weiterhin ansprechende und lehrreiche Inhalte für alle zu erstellen. **Velen Dank für deine Unterstützung**, und möge der Geist dieser bezaubernden Kreaturen dich weiterhin inspirieren!

Auch von Jenny Kellett

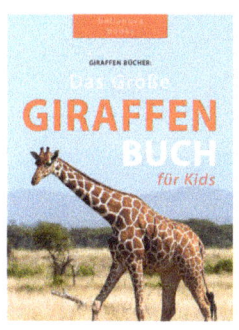  

... und viele mehr!

Erhältlich in allen bekannten online Buchhandlungen.

www.ingramcontent.com/pod-product-compliance
Lightning Source LLC
LaVergne TN
LVHW050132080526
838202LV00061B/6478